Beni Mbila Nsasi

Les génériques bibliques et du message du temps de la fin

Beni Mbila Nsasi

Les génériques bibliques et du message du temps de la fin

Éditions Croix du Salut

Cover image: www.ingimage.com

Publisher:
Éditions Croix du Salut
is a trademark of
Dodo Books Indian Ocean Ltd., member of the OmniScriptum S.R.L Publishing group
str. A.Russo 15, of. 61, Chisinau-2068, Republic of Moldova Europe
Printed at: see last page
ISBN: 978-620-3-84159-6

Les Génériques Bibliques

Un Manuel de Culture Biblique
Réalisé par fr Beni Van Nsasi

PREAMBULE

Un générique *est un signe, un symbole, soit un mot ou une expression qui donne une idée d'ensemble sur un certain sujet, une matière ou un programme quelconque.*

Les génériques correspondent aux initiales ou aux intitulés d'une connaissance c-àd. à sa vision synoptique.

Ainsi, dans ce volume ***les génériques bibliques*** *sont les titres des structures ordinaires sur des connaissances panoramiques attachées aux faits développés dans la sainte biblique et dans les enseignements du Prophète William Marion Branham.*
Espérons que ceci donnera aux jeunes et à tout esprit lucide un flash de culture Bible c-a-d, un ensemble abrégé, de connaissances du Livre saint et du message du temps de la fin prêché par le Prophète William Marion Branham qui orientent positivement leurs pensées et leurs applications.

QUE DIEU VOUS BÉNISSE

« Instruis l'enfant selon la voie qu'il doit suivre; Et quand il sera vieux, il ne s'en détournera pas. » Proverbes 22:6 « Et vous, pères, n'irritez pas vos enfants, mais élevez-les en les corrigeant et en les instruisant selon le Seigneur. » Ephésiens 6:4.

SÉRIE DOUZE (12). <u>LES DOUZE APOTRES DE JESUS-CHRIST</u>

<u>Les noms de douze apôtres</u> :

Pierre et André
Jacques et Jean
Philipe et Barthélemy
Mathieu et Thomas
Jacques d'Alphée et Simon
Jude et Judas
Judas remplacé par Mathias

<u>Remarques</u>

a) - Pierre et André étaient les fils de Jonas. Jacques et Jean étaient les fils de Zébédée.
Pierre, André, Jacques et Jean ainsi que Jonas et Zébédée étaient tous des pêcheurs.

b) - Philippe avait dit à Jésus : « Seigneur, montre-nous le père et cela nous suffit »...
- Barthélemy s'appelait aussi Nathanaël.

c) - Mathieu était publicain c'est-à-dire fonctionnaire.
- Thomas avait douté de la résurrection du seigneur Jésus-Christ .

d) - Jacques était fils d'Alphée.
- Simon s'appelait le Zélote c-à-d le courageux, le Zélé, le nationaliste, il est différent de Simon Pierre

e) - Jude était fils de Jacques. Il est différent de JUDAS Iscariote qui avait trahi Jésus, le Seigneur.

Sélection de douze apôtres

Au départ des milliers de disciples sont venus à Jésus. Après un certain temps, il n'y avait que 70 disciples. A la fin de la mission de Jésus, il n'y avait que 12 disciples nommés apôtres avec Judas, qui était éliminé, remplacé par Matthias Paul fut l'apôtre exceptionnel choisi après la résurrection de Jésus-Christ.

Référence :

Il est parlé de 12 apôtres dans le livre de Luc 6 :12 –16 ; Marc 3 :13-19 ; Mathieu 10 :1-15 ; Actes 1 :13

SÉRIE DOUZE (12). LES DOUZE TRIBUS D'ISRAEL

Les noms de douze tribus :

Ruben, Siméon, Lévi, Juda, Dan et Nephtali, Gad et Aser, Issacar et Zabulon,
Joseph et benjamin.

La grande histoire des enfants d'ISRAËL commence avec Abraham,
Abraham engendra Isaac ; Isaac engendra Jacob et Jacob appelé aussi Israël, a pu engendrer 12 garçons reconnus comme les 12 enfants d'Israël, les noms de 12 enfants deviendront les noms de 12 tribus d'Israël. Cette famille n'avait qu'une seule fille : DINA.

Les mamans d'Israël:

Maman Lea a mis au monde : Ruben, Siméon, Lévi Juda ensuite Issacar et Zabulon.

Maman Bilha a mis au monde Dan et Nephtali.

Maman Zilpa : a enfanté Gad et Aser

Maman Rachel a enfanté Joseph et Benjamin

L'histoire de 12 enfants d'Israël se trouve dans Genèse 29 :31-35 ; 30 :1-24 ;35 :1618.

SÉRIE DOUZE (12). LES DOUZE PIERRES PRECIEUSES

Une pierre : se présente comme un objet de masse volumique dure, de corps physique épais, appelé autrement un roc,

Les pierres précieuses sont nommées quelquefois diamants ou rubis...

Les noms de douze pierres :

1. Jaspe
2. Emeraude
3. Chrysolithe
4. Chrysoprase
5. Saphir
6. Sardonyx
7. Béryl
8. Hyacinthe.
9. Calcédoine
10. Sardoine
11. Topaze
12. Améthyste

Nous trouvons ces pierres dans le livre d'Apocalypse 21 :19 ce sont de pierres qui ornent les fondements de la nouvelle Jérusalem, la ville que Dieu a préparée pour les élus (enfants de Dieu).

À savoir

Aucun incrédule n'entrera dans cette belle cité de bonheur ni aucun désobéissant à Dieu. Seuls les vrais croyants qui obéissent à Dieu trouveront leurs places dans cette cité bénie.

SÉRIE DIX (10). <u>LES DIX PREMIERS ANCETRES DE L'HOMME</u>

<u>Référence biblique :</u>

Nous le trouvons dans le livre de la Genèse 5 : 1-32

<u>La généalogie d'ADAM…</u>

Il s'agit de :

ADAM a vécu	930 ans	JERED -----	962 ans
SETH -----	912 ans	HENOC -----	375 ans
ENOSCH -----	905 ans	METUSCHELAH--	969 ans
KENAN -----	910 ans	LEMEC -----	777 ans
MACHALALEEL	895 ans	NOE -----	950 ans

Adam fut le tout premier habitant de la terre.

Seth est le fils d'Adam qui avait remplacé Abel tué par Caïn.

Hénoc fut enlevé au ciel après avoir marché avec Dieu en harmonie pendant 300 ans.

Metuschelah est l'homme qui a vécu le plus longtemps possible sur terre.

Noé a traversé le déluge avec sa famille.

Caïn ne se retrouve pas dans la généalogie d'Adam, selon Genèse 5. 1-32. Il était du malin selon 1 Jean 3.12.

SÉRIE DIX (10). LES DIX FLEAUX EN EGYPTE

Les Dix plaies en Egypte

Par le ministère du grand prophète Moïse, Dieu a frappé l'Egypte pharaonique de dix plaies suivantes :

1. Toutes les eaux de l'Egypte se transforment en sang.
2. Les grenouilles remplissent tout le pays d'Egypte.
3. Les poux envahissent tout le pays de pharaon.
4. Les mouches venimeuses se propagent en Egypte tout entière.
5. La peste frappe les troupeaux de bêtes domestiques, le bétail dans toute l'Egypte.
6. Les ulcères se propagent sur tous les Egyptiens.
7. La grêle et le feu se répandent sur tout le territoire égyptien.
8. Les sauterelles font irruption sur toute l'Egypte.
9. Les ténèbres remplissent tout le territoire égyptien.
10. La mort frappe tous les mâles premiers nés de l'Egypte.

À retentir :

Dieu n'est pas notre grand Père mais plutôt notre Père donc il punit aussi, comme il a fait au temps de Noé en envoyant le déluge, Sodome et Gomorrhe, Jérusalem avec nebucadnezar, général tuttis.

SÉRIE DIX (10). <u>LES DIX COMMANDEMENTS</u>

Un Commandement *Ordre que donne celui qui a pouvoir de commander.*

Aux désert Dieu en donné aux enfants d'Israël dix (10) en voici ci-dessous

Les dix commandements sont :

1er. Tu n'auras pas d'autres dieux devant ma face à part Moi-même.

2è. Tu ne feras pas de statues ou des images, des idoles pour l'adoration.

3è. Tu ne citeras pas le nom de Dieu inutilement. Tu ne prehndras pas le nom de Dieu à la légère.

4è. Considère le jour du sabbat, jour de repos.

5è. Obéis et honore ton père et ta mère.

6è. Tu ne tueras pas.

7è. Tu ne commettras pas d'adultère.

8è. Tu ne voleras pas.

9è. Ne sois pas le faux pas témoin.

10è. Ne convoite pas les biens des autres.

Nous trouvons ces commandement dans le livre d'Exode 20 : 1-17

À retenir :

Les quatre premières lois touchent aux relations entre l'homme et son Dieu. Les autres commandements orientent les relations de l'homme envers son prochain. Ainsi ces lois évitent à l'homme de se conduire n'importe comment.

SÉRIE NEUF (9). LES NEUF FRUITS DE L'ESPRIT

Le fruit de l'esprit est un acte ou une manifestation accompli par l'esprit d'un homme qui aime Dieu, d'une personne qui se laisse conduire par l'Esprit de Dieu, qui désire accomplir le bien.

Les fruits de l'Esprit selon la Bible sont :

1. *L'amour,* le fait d'aimer, de considérer les autres personnes en dehors de soi-même,...
2. *La joie :* La disponibilité de se réjouir des merveilles de Dieu, des actes ou des faits louables....
3. *La paix :* L'état d'un cœur calme, paisible, serein...
4. *La patience :* Le fait d'attendre que les promesses de Dieu s'accomplissent, que les bonnes choses aboutissent...
5. *La bonté :* L'attitude qui démontre la gentillesse ...
6. *La bienveillance :* La disposition à faire ou à pratiquer le bien...
7. *La foi :* Elle implique le fait de croire en Dieu et de lui faire confiance, lui être fidèle...
8. *La douceur :* La paix profonde d'un cœur doux, de quelqu'un qui aime la tranquillité...
9. *La tempérance :* C'est la maîtrise de soi, le fait de se contenir face aux mauvaises choses, aux tentations du mal...

NB : Les fruits de l'Esprit sont exprimés dans le livre de Galates 5. 22.

Le plus grand fruit de l'esprit est l 'Amour (1 Corinthiens 13. de 1 à 13).

SÉRIE NEUF (9). <u>LES NEUF DONS SPIRITUELS POUR L'EGLISE</u>

Les neuf dons spirituels pour l'église sont :

Une parole de sagesse,

Une parole de connaissance,

Un esprit de foi,

Un don de guérison,

Un don de miracles,

Un don de prophétie,

Le discernement des esprits,

Le parler en langues,

L'interprétation des langues

Référence biblique : 1 corinthiens 12. 8-11.

NB : Ils facilitent l'exhortation, l'affermissement ou l'édification des croyants.

SÉRIE NEUF (9). LES NEUF BEATITUDES

Une béatitude est un message de paix, de bonheur et de bénédiction... prononcée par le Seigneur Jésus-Christ devant ses disciples rassemblés sur la montagne.

Les neuf béatitudes sont :

Heureux les pauvres en esprit car le royaume des cieux est à eux.

Heureux les affligés car ils seront consolés.

Heureux les débonnaires car, ils hériteront la terre.

Heureux ceux qui ont faim et soif de la justice car ils seront rassasiés.

Heureux les miséricordieux car ils obtiendront miséricorde.

Heureux ceux qui ont le cœur pur car ils verront Dieu.

Heureux ceux qui procurent la paix car ils seront appelés fils de Dieu.

Heureux ceux qui sont persécutés pour la justice car le royaume des cieux est à eux.

Heureux serez vous lorsqu'on vous outragera, qu'on vous persécutera et qu'on dira faussement de vous, toute sorte de mal à cause de moi, réjouissez-vous et soyez dans l'allégresse parce que votre récompense sera grande dans les cieux ; car c'est ainsi qu'on a persécuté les prophètes qui ont été avant vous.

Référence : Matthieu 5. 1-12.

SÉRIE SEPT (7). <u>LES SEPT JOURS DE LA CREATION DU MONDE</u>

Création :
Le mot création rappelle le verbe créer qui signifie former, fabriquer, fonde, invente, produire...

Monde :
Le terme monde veut dire la terre, mais aussi les objets, les animaux et l'atmosphère de la terre, ainsi que l'homme qui vit sur la terre.

Les étapes de la création

La création du Monde s'est déroulée globalement en 7 phases ou sept jours repartis comme suite :

Au premier jour.

Il y a eu la création de la lumière et la séparation du

jour et de la nuit. *Au deuxième jour.*

C'est ici la création de l'espace du ciel ou l'étendue du ciel.

Il y a eu également la séparation des eaux de l'espace d'avec les eaux de la Terre (les eaux du globe Terrestre).

Au troisième jour

Dieu a créé la terre ferme (ou la terre sèche) et les mers ainsi que les herbes et les arbres.

Au quatrième jour.

Dieu créa les astres ou les étoiles parmi lesquels le soleil, et la lune, les deux grands astres.

Au cinquième jour.

C'est le temps de la création des poissons, des animaux aquatiques et des volailles ou des oiseaux. *Au sixième jour.*

Dieu a créé des animaux sur la terre ferme. Il a également créé l'homme à son image, à sa ressemblance.

Au septième jour.

Parce que son œuvre fut achevée, Dieu se reposa. C'est le jour du sabbat, le jour du repos, pour tous.

Observations

Il a parlé de la création du Monde dans le livre de Genèse 1, 1-31, Genèse 2, 1-7 et 18-24.

SÉRIE SEPT (7). <u>LES SEPT GRANDE VISION DE LA FIN DU MONDE</u>

Une vision est une perception, en esprit ou par les yeux du corps, d'une réalité surnaturelle, elle se définit aussi comme une projection dans le futur, imagination du futur.
Comme **Amos 3 :7** nous dit : *Car le Seigneur, l`Éternel, ne fait rien Sans avoir révélé son secret à ses serviteurs les prophètes.*

Et en 1933 Dieu a révélé a son serviteur le prophète William Marion BRANHAM septs grande événement qui allaient arrivé avant la seconde venue de notre Seigneur Jésus-Christ.

Référence :

Exposé des Sept Âges de l'Église (9 - L'Âge de l'Église de Laodicée)

<u>Il s'agit :</u>

1. **Mussolini envahit l'Ethiopie**, et que celui-ci aurait une fin horrible, quand son peuple se retournerait contre lui.
2. **Hitler provoque la guerre mondial**, et que celui-ci aurait une fin mystérieuse.
3. **Le rassemblement de trois isme, le nazisme le fascisme dans le communisme,** et une voix disait au Prophète : "OBSERVE LA RUSSIE! OBSERVE LA RUSSIE! Surveille le Roi du Nord." Il ajouta aussi que la Russie détruira la Rome.
4. **Le progrès de sciences et techniques**, Elle était couronnée par la vision d'une automobile dont la partie supérieure avait l'air d'une bulle de plastique. Téléguidée, elle parcourait des routes magnifiques, et n'avait pas de volant, de sorte qu'on voyait les gens assis à l'intérieur jouer à un jeu quelconque pour passer le temps.
5. **La dépravation de meures le mauvais comportement**, Par cette vision, Dieu révèle au Prophète la terrible

perversion du monde tout entier, et son état moral lamentable, la mauvaise habillement de la femme et la dernière image que le Prophète a vue était celle d'une femme nue, à l'exception d'un petit tablier semblable à une feuille de figuier.

6. **Une femme dirige les Etats-Unis**, la femme que le Prophète avait vu elle possédait un pouvoir total sur les gens. Le Prophète dit qu'il s'agissait de la montée de l'Église catholique romaine, ou soit une femme qui allait prendre un grand pouvoir en Amérique grâce au droit de vote des femmes.
7. **La destruction des États-Unis**,

<u>À retenir :</u>
Fr Branham dit : dans 64-0719M - La Fête des Trompettes

171 Il m'a montré sept choses, en 33, qui allaient arriver. Cinq d'entre elles sont déjà du passé. Le docteur Lee Vayle est en train d'écrire un livre là-dessus en ce moment. Voyez? Cinq choses, parfaitement, et il ne reste plus que deux choses à arriver. Il a dit qu'"elles arriveraient juste avant Sa Venue". Nous voici à la fin maintenant, et il semble que la sixième chose est en train de faire son chemin. Voyez? Parfaitement, exactement, jusqu'aux guerres et comment elles se passeraient, en plein dans le mille, et pas une seule fois ça n'a failli.

172 Écoutez, les amis, nous devrions faire l'inventaire à chaque heure. Vous ne savez pas où nous en sommes. C'est très proche!

SÉRIE SEPT (7). <u>LES SEPT ARMES SPIRITUELS D'UN CROYANT</u>

Une arme est instrument qui sert à attaquer ou à se défendre. Et pour de croyant chrétiens que nous sommes Dieu nous dote d'une armure pour attaquer Satan le diable et pour se protéger contre les attaques du diable

Il s'agit :

1. **À vos reins la ceinture de la vérité**
2. **Dans votre poitrine la cuirasse de la justice**
3. **À vos pieds le zèle que donne l'évangile**
4. **Dans vos bras le bouclier de la foi**
5. **À la tête le casque du salut**
6. **Dans vos mais l'épée de la parole**
7. **La prière instance**

Référence :
Éphésiens, 6:13 – 18
Commentaire du prophète
62-0531 - Le conflit entre Dieu et Satan
Voyez? ***Voilà la meilleure arme qui existe. C'est la Parole du Dieu Éternel.***

107 Or, la Parole de Dieu, qu'est-ce que c'est? La Parole de Dieu, c'est Dieu Lui-même. Alors, ***ce que Dieu a donné au croyant, c'est Lui-même. Amen. Fiou! C'est Dieu Lui-même. Ce qu'Il a donné au croyant, comme moyen d'attaquer l'ennemi,*** c'est Lui-même. Autrement dit, Il est le Père. Et la Parole est Dieu, donc la Parole est notre Père. Nous sommes nés de la Parole, et Il est au front de bataille, pour Ses enfants. Amen. Voilà. Il se tient là, pour Ses enfants. De quoi avons-nous peur? L'Enlèvement est assuré. La Venue est assurée. Chaque bénédiction qui a été promise est à nous.

Tout nous appartient. Maintenant, si nous nous relâchons un peu et que nous disons…

SÉRIE SEPT (7) LES SEPT NOMS RÉDEMPTEUR DE JEHOVAH

Jadis lorsque que Dieu accomplisse un prodige on bâtissaient des autels pour que cela reste gravé dans de mémoires de génération en génération

Il s'agit :

1. **Jéhovah Jireh :** L'Eternel Dieu qui pourvoit. Gen 22 :14
2. **Jéhovah Rapha :** L'Eternel Dieu qui guérit. Exo 15 :26
3. **Jéhovah nissi :** L'Eternel Dieu ma bannière. Exo 17 :15
4. **Jéhovah Shaloom :** L'Eternel Dieu notre paix. 6 :24
5. **Jéhovah Raah :** L'Eternel Dieu mon berger. Ps 23 :1
6. **Jéhovah Tsidkenn :** L'Eternel Dieu notre justice. Jér 23 :6
7. **Jéhovah Shammah :** L'Eternel Dieu qui est ici. Eze 48 :35

À retentir :

Ces noms était de révélation personnelle de ce que Dieu était pour chacun d'eux.

Ils sont aussi de parole d'adoration pour nous, lui rappeler ce qu'il a fait, etait.

Et ce qu'il a fait et était autre fois il le fera aussi pour nous et sera aussi pour nous, Heb 13 :8 Il est le même hier, aujourd'hui et éternellement.

SÉRIE SEPT (7) <u>LES SEPT DIMENSIONS</u>

Les sept dimensions sont :

1. **La lumière**
2. **La matière**
3. **Le temps**
4. **Le ondes**
5. **Les âmes perdu**
6. **Les âmes sauvé**
7. **Dieu lui-même**

<u>Référence :</u>

62-0908 - L'étape actuelle de mon ministère E 20-23

Rév. William Marrion Branham

SÉRIE SEPTS (7) <u>LES SEPT ÂGES DE L'ÉGLISE ET CES MESSAGES</u>

Les sept âges de l'église sont :

1. **Éphèse - Paul**
2. **Smyrne - Irénée**
3. **Pergame - Martin**
4. **Thyatire - Colomba**
5. **Sardes - Luther**
6. **Philadelphie - Wesley**
7. **Laodicée - Elie (Branham)**

Référence :

Apocalypse, 1:11 - qui disait: Ce que tu vois, écris-le dans un livre, et envoie-le aux sept Églises, à Éphèse, à Smyrne, à Pergame, à Thyatire, à Sardes, à Philadelphie, et à Laodicée.

62-0909M Compte à rebours E-108-109

Rév. William Marrion Branham

SÉRIE SEPT (7) <u>LES SEPT ÉTAPES DE LA STATUT D'UN HOMME PARFAIT</u>

Une statut est un ensemble de lois, de règlements, coutumes, etc..

C'est aussi une taille que doit avoir un chrétien.

les sept étapes de la statut d'un homme parfait sont :

1. **La foi**
2. **La vertu**
3. **La connaissance**
4. **La tempérance**
5. **La patience**
6. **La piété**
7. **L'amour fraternelle puis Dieu vas clôturé avec la pierre de fête (l'amour Divin)**

<u>Référence :</u>

II Pierre 1 :1-8

SERIE SEPT (7) <u>LES SEPT JOURS DE LA SEMAINE JUIVE ET ROMAINE</u>

Les sept jours de la semaine juive et romaine sont :

1. Yom rishon .... Dimanche
2. Yom shéni .... Lundi
3. Yom shlishi .... Mardi
4. Yom révi'I .... Mercredi
5. Yom hhamishi .... Jeudi
6. Yom shishi .... Vendredi
7. Yom shabbat .... Samedi

À retenir :

Le premier jour de la semaine juive est Yom rishon (dimanche) frère l'appel le huitième jour.

<u>Référence :</u>

124 Je crois que c'est un péché de pêcher, de chasser et de travailler le dimanche, quand vous pouvez aller à l'église. Maintenant, je crois que vous transgressez les lois de Dieu. "Est-ce qu'il y a un commandement à propos d'une telle chose?" Oui monsieur! Dans l'Ancien Testament, nous avons eu là un type du jour du sabbat. C'était tout... Et Jésus n'est pas venu pour vous faire observer des jours de sabbat. L'ancien jour de sabbat était le samedi, lequel se trouvait à la fin de la semaine. ***<u>Le dimanche est le huitième jour, ou le premier jour de la semaine, jour où Jésus est ressuscité.</u>***

64-0830M - Questions et réponses #3
Rév. William Marrion Branham

Le jour dans le calendrier juif débute la veille au soir, à la tombée de la nuit.

Ainsi le sabbat débute le vendredi soir.

SÉRIESÉRIE QUATRE (4) <u>QUATRE HOMMES DE GENÈSE 18</u>

Les quatre hommes de genèse 18 sont :

1. **Abraham**
2. **Michaël**
3. **Gabriel**
4. **Elooïm**

<u>Référence :</u>

Genèse 18 :1-3

N'est-il pas étrange que les Hébreux aient cru ceci : "Écoute, Israël! L'Éternel, ton Dieu, est LE SEUL Dieu", s'il y avait trois personnes dans la Divinité? Dans ***<u>Genèse 18, Abraham, le descendant de Sem, n'a vu qu'UN SEUL Dieu avec deux anges.</u>***

Exposé des Sept Âges de l'Église (5 - L'Âge de l'Église de Pergame)

Rév. William Marrion Branham

SÉRIE QUATRE (4) LES QUATRE METAUX DE LA STATUT DE DANIER

Les métaux sont de corps simple, brillant, tantôt ductile et malléable, comme le fer et l'argent, tantôt cassant, comme l'antimoine et le bismuth.

Un jour à Babylone, le roi Nebucadnetsar eut des songes. Il avait l`esprit agité, et ne pouvait dormir. Des songes qu'il n'avait pas comprit et qu'il les avait même oublié. (*lire la suite dans le livre de Daniel 2 : 1 – 48)*

Les quatre métaux de la statut de Daniel sont :

1. **OR**
2. **ARGENT**
3. **L'AIRAIN**
4. **LE FER**

Observation

La tête en **OR**, la poitrine et ses bras étaient en **ARGENT**, le ventre et ses cuisses étaient en **AIRAIN**, ses jambes étaient en **FER** ses pieds, en partie de fer et en partie d`argile.

Ils corresponds aux quatre grande empire de l'histoire.

STATUT	EMPIRES	ROIS	DURÉE
Tête en **or**	Babylone	Nebucadenestar	588 – 538 Av J.C *(50 ans de règne)*
Poitrine, bras en **argent**	Médo-perse	Darius	538 – 338 Av J.C *(200 ans de règne)*
Ventre, cuisses en **airain**	Grèce (hellénique)	Alexandre Le grand	338 – 323 Av J.C *(15 ans de règne)*

Jambes en **fer** pieds moitié en **fer**, moitié en terre cuite	Rome païenne, Rome papale	Néron puis papauté	338 Av J.C – millenium

83. Cette période est appelée “le Temps des nations”. ***Elle se divise en quatre époques historiques qui correspondent à l’empire qui a dominé chacune de ses parties : l’époque babylonienne, médo-perse, hellénique et romaine.*** La plus grande et la plus absolue des monarchies était celle de ***Babylone, symbolisée par la tête d’or. Au second rang, en termes de gloire, venait celle des Mèdes et des Perses, moins glorieuse, comme le montre l’histoire, et qui était symbolisée par la poitrine et les bras d’argent.*** Puis suivit l’âge hellénique, dont le roi était le chef militaire le plus brillant que le monde ait jamais connu; ainsi, ***il correspondait bien à l’image du ventre et des cuisses d’airain.*** Il était moins glorieux que les deux précédents. Puis vient enfin l***e dernier royaume, l’Empire romain***, symbolisé par les jambes et les pieds. Mais, alors que les royaumes précédents étaient symbolisés par des minéraux purs (l’or pur, l’argent pur et l’airain pur), ***ce dernier empire n’avait en fer pur que les jambes, car les pieds étaient faits d’un mélange d’argile*** et de fer, alors que le métal et la terre ne peuvent-elles pas s’allier et produire constance et force. Et ce n’est pas tout : le plus étonnant, c’est que ce dernier empire (l’Empire romain) allait durer — fait de ce curieux “mélange” — jusqu’au retour de Jésus.

Cet Empire romain de fer (le fer signifie la puissance et une grande force pour détruire l’adversaire) allait se composer de deux parties principales, ce qui fut bien le cas, car l’empire se divisa littéralement en deux : Empire d’orient et Empire d’occident. Tous les deux étaient fort puissants et écrasaient tout devant eux.

Exposé des Sept Âges de l'Église (5 - L'Âge de l'Église de Pergame)

Rév. William Marrion Branham

SÉRIE QUATRE (4) <u>LES QUATRE PERSONNES DANS LA FOURNAISE ARDENTE</u>

Le roi Nebucadnetsar fit une statue d`or, haute de soixante coudées et large de six coudées à l'honneur de Daniel. Il recommandant à touts le peuple et dit <<Au moment où vous entendrez le son de la trompette, du chalumeau, de la guitare, de la sambuque, du psaltérion, de la cornemuse, et de toutes sortes d`instruments de musique, vous vous prosternerez et vous adorerez la statue d`or, quiconque ne se prosternera pas et n`adorera pas sera jeté à l`instant même au milieu d`une fournaise ardente>>. Et les trois compagnons de Daniel n'acceptèrent points de se prosterner devant la statut, le roi les jetèrent dans la fournaise ardente et là Dieu descendit et le délivrât.

Les quatre personnes dans la fournaise ardente sont :

1. **Schadrac**
2. **Méschac**
3. **Abed Nego**
4. **Dieu lui-même**

Observation

La fournaise à était chauffer sept foi plus à telle point que ceux les accompagnèrent étaient mort par la chaleur du fournaise.

Ils étaient entre mais lié et ils sont sortie mais libre.

Schadrac, Méschac, Abed Nego sont de noms qu'ils on eu à Babylone, leurs vrais noms heubré sont : Hanania,Michaël et Azaria. Daniel, 2:17

Référence :

Daniel, 3:1 – 30

SÉRIE QUATRE (4) LES QUATRE ÉVANGÉLISTES

Sont de personne qui on relater la vie du Seigneur Jésus-Christ.

Deux autres on vécu avec le Seigneur Jésus-Christ, deux autres on fait de recherches exacte pour nous relater la vie de notre Seigneur Jésus-Christ .

Les quatre évangélistes sont :

1. **Mathieu**
2. **Marc**
3. **Luc**
4. **Jean**

Observation

Matthieu, Jean étaient apôtres de Jésus-Christ.

Marc, Luc étaient disciples de Paul.

Luc étaient docteur

SÉRIE QUATRE (4) LES QUATRE POINTS CARDINAUX

Les quatre points cardinaux sont :

1. **Est -------- Orient**
2. **Ouest ------- Occident**
3. **Nord --------- Septentrion**
4. **Sud --------- Midi**

Les signes cardinaux nous inclinent, avec une grande facilité, dans les voies les plus diverses.

SÉRIE QUATRE (4) <u>LES QUATRE ÊTRES VIVANT</u>

Les quatre êtres vivant sont :

1. Le lion
2. Le vœu
3. L'homme
4. L'aigle

<u>Observation.</u>

Les quatre être vivant sont des êtres qui sont autour du trône de Dieu,

Dans Apocalypse, 4:9 la bible dit que les êtres vivants rendent gloire et honneur et actions de grâces à celui qui est assis sur le trône (Dieu).

Les quatre êtres vivants ont chacun six ailes, et ils sont remplis d`yeux tout autour et au dedans. Ils ne cessent de dire jour et nuit: Saint, saint, saint est le Seigneur Dieu, le Tout Puisant, qui était, qui est, et qui vient!.

<u>Référence :</u> Apocalypse 4 :4-9

SERIE TROIS (3) <u>LES TROIS ETAPES DE LA GRACE</u>

C'est un travail que Dieu lui-même fait dans chaque croyant(e).

Le prophète Branham fait allusion à ces étapes d'un homme qui ramasse un verre dans une poubelle à son armoire, donc Dieu nous ramasse dans la boue du pécher à la sainteté, ces étapes sont :

1. La justification (Dieu nous ramasse)
2. La sanctification (Dieu nous lave)
3. Le baptême du Saint-Esprit (Dieu nous remplit de son esprit)

<u>Référence :</u>

54-0103E - Questions et réponses #2 E-70

Rév. William Marrion Branham

SERIE TROIS (3) <u>LES TROIS ORDONNANCES QUE JÉSUS NOUS A LAISSER</u>

Une ordonnance est une disposition des choses selon l'ordre, la convenance.

Les Seigneur nous a laissé trois ordonnance qui sont :

1. **Le baptême d'eau**
2. **Le lavement des pieds**
3. **La souper du Seigneur**

29 Maintenant, juste un moment encore. Maintenant, dans l'Ancien Testament, alors que le sacrifice avait été établi comme—comme précepte, ou comme ordonnance. Et il en est de même pour ***le baptême d'eau***, c'est une ordonnance; de même, ***le lavement des pieds*** est une ordonnance; de même, ***le souper du Seigneur*** est une ordonnance.

65-1212 - La Communion

Rév. William Marrion Branham

SERIE TROIS (3) <u>LES TROIS FILS DE NOÉ</u>

Genèse, *6:9 - Voici la postérité de Noé. Noé était un homme juste et intègre dans son temps; Noé marchait avec Dieu.*

Genèse, 6:10 - **Noé engendra trois fils:**

Sem, ce lui le père de **Juifs** ce de lui qu'Abraham est sortie

Cham, ce lui le père de Canaan et par Canaan est sortie les Cananéens, les Babyloniens **les Gentils** (les idolâtres)

Japhet, ce lui le père de **Samaritains**

Observation :

Un jour Noé prit du vin et s'enivra et resta nu devant sa maison,

Cham, père de Canaan, vit la nudité de son père, et il le rapporta dehors à ses deux frères.

Alors Sem et Japhet prirent le manteau, le mirent sur leurs épaules, marchèrent à reculons, et couvrirent la nudité de leur père; comme leur visage était détourné, ils ne virent point la nudité de leur père.

Lorsque Noé se réveilla de son vin, il apprit ce que lui avait fait son fils cadet.

Et il dit: Maudit soit Canaan! qu`il soit l`esclave des esclaves de ses frères!

Il dit encore: Béni soit l`Éternel, Dieu de Sem, et que Canaan soit leur esclave!

Que Dieu étende les possessions de Japhet, qu`il habite dans les tentes de Sem, et que Canaan soit leur esclave!

Référence : Genèse, 9:22-27

127 Or, nous comprenons bien qu'il n'y a que trois nationalités de gens dans le monde, ce sont : **les Juifs, les Gentils et les Samaritains;** c'est-à-dire le peuple de **Cham, de Sem, et de Japhet. Les Juifs, les Gentils et la Samarie.**

58-1005E - Un homme appelé de Dieu

SÉRIE TROIS (3) <u>LES TROIS PEUPLES (RACES) SUR LA TERRE</u>

Dieu dans son amour voulant sauvé (baptisé du Saint Esprit) toutes races, couleur et nation dans toute la terre.

Dieu se manifesté dans toutes races, couleur et nation en le résumant en trois races, ils 'agit de:

1. **La race Juifs (Les peuples Juifs (Les Israelites))**
2. **Les Samaritains (demie juifs demie païennes)**
3. **Les gentils (nations)**

<u>Observation.</u>

Dieu en se manifestant il a utilisé des hommes, à la première manifestation il se manifesté vers la race juifs pour le baptisé du Saint Esprit, **Il a utilisé l'apôtre Simon pierre**.

Pour se manifesté au samaritains Il a utilisé **l'apôtre Philipe**.

Afin pour les gentils Dieu a utilisé **l'apôtre Paul.**

<u>Référence :</u>

127 Or, nous comprenons bien qu'il n'y a que trois nationalités de gens dans le monde, ce sont : les Juifs, les Gentils et les Samaritains; c'est-à-dire le peuple de Cham, de Sem, et de Japhet. Les Juifs, les Gentils et la Samarie.

58-1005E - Un homme appelé de Dieu
Rév. William Marrion Branham

SÉRIE TROIS (3) <u>LES TROIS VERTUS D'UNE FEMME</u>

Proverbes, 12:4 - Une femme vertueuse est la couronne de son mari, Mais celle qui fait honte est comme la carie dans ses os.

92 Remarquez. C'est ce qui lui a été confié : une vertu sacrée, une féminité sacrée, et puis une maternité sacrée, faire honneur à son mari.

65-1125 - L'union invisible de l'Épouse de Christ

Une Vertus se définit comme étant une disposition ferme, constante de l'âme, qui porte à faire le bien et à fuir le mal.

Le Prophète la définit comme étant une force

146 Or, **savez-vous ce que c'est que de la vertu? De *<u>la force</u>***. Ses forces ont faibli quand une seule femme L'a touché, et Il était le Fils de Dieu.

65-0118 - La Semence de discorde

Rév. William Marrion Branham

Les trois vertus sont :

la féminité sacré ; un caractère solide, respectueuse et respectable (ne pas se laisser toucher par les garçons jusqu'au mariage, ne pas avoir un caractère légère)

la virginité sacré ; État d'une personne vierge (gardé son corps pur jusqu'au mariage, ne jamais un homme vous découvrir avant le mariage.)

la maternité sacré ; Avoir que des enfants au mariage (dans ta maison et non chez le parents)

Nb. Ces vertus se détruisent graduellement, si **la féminité** et détruit la virginité sera en danger et si la **virginité** et détruit **la maternité** sera exposée.

<<Ces trois vertus s'applique aussi a tout chrétiens entant que épouse de Christ Jésus , la féminité sacré tout chrétiens doivent avoir cette vertus (un caractère solide à la parole de Dieu), la virginité sacre consiste à être pur, a garder son corps qu'a Jésus-Christ (la parole) puis la maternité sacré donné naissance la semence parole dans votre vie qui est Jésus-Christ.>>.

QUE DIEU VOUS BÉNISSE

Questions ou Commentaire

Email : beninsasi97@gmail.com

Phone : +243 890016999 +243 903319553

QUE DIEU VOUS BENISSE

Table des Matières

Printed by Books on Demand GmbH, Norderstedt / Germany